Le dernier voyage
de Saint-Exupéry

La Renaissance du Livre
Michel De Paepe Éditeur

Maquette : Sanny Chaudy.

52, chaussée de Roubaix, 7500 Tournai (Belgique).
www.larenaissancedulivre.com
ISBN 2-8046-0690-2

Le dernier voyage de Saint-Exupéry

Un conte de Carl Norac
Illustré par Louis Joos

La Renaissance du Livre

Il faut me chercher tel que je suis dans ce que j'écris.

Antoine de Saint-Exupéry

Tant que nous parlerons, la nuit n'entrera jamais tout à fait dans les hommes. Les guerres existeront encore, changeront de prétextes, d'armes, de territoires. Mais même tapis dans nos peurs, même cachés dans nos désirs d'ailleurs, nous raconterons encore et encore des histoires. Des contes où nous changerons de peau tout en restant si près de nos rêves. Des fables où le chemin lui-même pourra voler, puis se poser ailleurs. Des récits où le nom des planètes aura moins d'importance que leur couleur. Nous inventerons parfois des personnages qui ont déjà existé. Nous ne serons pas là pour réparer leurs erreurs dans la vie d'avant, ni pour converser avec leur fantôme. Les gestes de ces personnages, nous les alignerons devant nous, comme des paroles qui se partagent avec celle ou celui qui passe. Leurs contes deviendront des collections de cailloux. Ceux-ci seront blancs ou bleus, lumineux ou ambrés, arrondis ou plus coupants, de formes si diverses et si particulières que chacun comprendra que ces histoires-là sont nos seuls trésors. Ce livre que vous venez d'ouvrir est une boîte noire : vous y trouverez la plus secrète de mes collections de cailloux.

I

Ce vol fut une sorte de songe.

Joseph Kessel, *Vent de sable.*

Pas un pli dans l'air.

Ce matin-là, Antoine de Saint-Exupéry volait au ras de l'eau. Il avait longé les falaises et aurait dû à ce moment s'éloigner vers la base.

Mais l'écume laiteuse des flots l'attira aujourd'hui plus fort que d'habitude. La mer ressemblait, par ce temps calme, à un ciel inversé, venu se poser afin que les hommes s'y baignent. Parfois, les vagues montaient les unes sur le dos des autres, pareilles à des

enfants qui jouent. Antoine écoutait le grésillement de sel des embruns sur le cockpit. Son regard, porté au loin, semblait redessiner doucement le paysage.

Ce n'était pas sans danger de renouer ainsi avec la mer au point de la toucher. Un seul faux mouvement signifiait la mort. Cependant, Antoine goûtait chacun de ces moments qui lui étaient donnés de vivre entre ciel et flots. Rien ne le retenait davantage qu'un rêve monté de l'écume ou tombé d'un oiseau.

Il n'oubliait pas sa mission de guerre. Les caméras de son avion étaient prêtes à l'action, parfaits cyclopes entrouverts sur les menaces et les désordres. Mais voler lui permettait en même temps de s'absenter du monde et de vagabonder dans l'histoire de sa vie.

Aujourd'hui, il n'évoqua en lui ni le corps chaud d'une femme, ni un bivouac céleste, ni ces jours d'enfance où l'on se déguisait, où l'on déplaçait la route des fourmis, ni même ces jours intenses où il fit la guerre, disait-il, par amour. À cette heure, il avait encore trop à l'esprit ce qu'il avait vécu ce matin-là.

Tout d'abord, il y eut un signe étrange. En s'éveillant d'un sommeil court, sur un lit même pas défait, il avait regardé machinalement à côté de lui.

Une pile de livres s'y trouvait. Il lisait peu, mais la présence d'une abondante réserve de mots près de lui était une indispensable compagne.

Il saisit le volume posé sur le dessus, *Les Fleurs du mal* de Charles Baudelaire, le livre qu'il préférait depuis toujours. Il le feuilleta au hasard, comme il le faisait parfois quand il le traînait dans sa poche, à la recherche d'une phrase qui puisse éclairer ses sentiments ou servir de guide à sa journée. Curieusement, bien qu'il appuya lentement avec les doigts sur les pages, il arriva à trois reprises à la fin du livre. Ses yeux à peine ouverts, il ne put s'empêcher de lire les quatre vers ultimes de la dernière page :

Verse-nous ton poison pour qu'il nous réconforte !
Nous voulons, tant ce feu nous brûle le cerveau,
Plonger au fond du gouffre, Enfer ou Ciel, qu'importe ?
Au fond de l'inconnu pour trouver du nouveau.

Ses mots résonnaient encore comme un présage dans sa tête lorsqu'il sortit de sa chambre.

Dehors, tout était, en apparence, comme d'habitude : poignées de main, café fort, plaisanteries, premières odeurs de tabac, nouvelles du front, courts silences. Mais Antoine voyait dans le regard de ces gens une rumeur tourner, une

pensée qui voulait dire : "Il est trop vieux pour voler". Ils étaient tous là, mécanos, pilotes, officiers : Duriez, Roussel, Potier, Cotton, Suty. Même Gavoille. Les gestes étaient naturels, le rituel respecté. Seulement, au moment où on l'aida à s'habiller, où les moteurs s'allumèrent, où les cales furent enlevées, il sentait encore, dans le bruit assourdissant, ces quatre mots se répéter : "Trop vieux pour voler".

L'âge, pour lui, ce n'était pas ce pauvre sortilège du calendrier qui fait que les jours se détachent, puis que les années se remplacent. Il avait acquis, dans ses os et dans ses muscles, plusieurs siècles de chute, mais dans ses yeux encore, chacun voyait briller des éclairs d'enfance.

Sa quarantaine, il la portait courbée, sous le poids de blessures encore proches. Dans le même temps, il aimait relever la tête autant que les défis. Dès lors, pourquoi les autres de la base s'échinaient-ils à parler de son âge ? Devant, le ciel était ouvert, à portée de l'engin, de sa force brutale. Le reste, c'était de la paperasse, pas de la littérature.

Alors, tout en ayant conscience de sa mission de reconnaissance, il oublia un moment l'itinéraire, la focale des caméras d'un espion du ciel pour se laisser étourdir seulement par la vitesse. Il fonça vers la mer, puis s'éleva dans un même élan avec la machine. Il vivait une de ces minutes où l'homme fait corps avec l'avion, où le métal rutilant rejoint la peau, où, tout autour, la lumière semble prendre feu d'être à ce point traversée.

Antoine appuyait sur un dé de caoutchouc pour s'envoyer de l'oxygène, ce lait de souffle qui pouvait à tout instant se tarir et qui l'avait trahi plusieurs fois. Un peu d'air suffisait à lui procurer cette ivresse qui fait qu'un pilote, redescendu sur terre, se sent toujours un étranger, un seigneur déchu, un albatros tombé sur le plancher des vaches.

Soudain, un bruit au-dessus de lui vint rompre cette harmonie. Une carlingue brillante. Un orage d'acier qui fondait sur lui.

Le sang monta aux tempes d'Antoine, d'un coup, comme s'il sentait à l'avance l'odeur du feu. Impossible de répliquer : l'avion ennemi était armé, pas le sien. Saint-Exupéry tira sur le manche pour virer au plus vite et ne plus être une cible idéale sur la mire des flots paisibles. Les premières balles fusèrent, simples ricochets dans l'eau. Mitraille à rouiller sous la mer.

Brusquement, Antoine tenta de monter à la verticale, dans l'espoir de s'ouvrir le ciel entier pour terrain de fuite. Son Lightning 38 grinça, comme pour protester de cette pirouette, puis se cabra, partit en cheval de bois et faillit plonger. L'avion s'éleva enfin. Antoine sentit le vent frapper le fuselage. C'est à ce moment, en pleine ascension, que des balles atteignirent la partie arrière

gauche. Antoine arrêta de respirer, un instant. Le cœur de l'engin battait toujours, mais la chute était sans recours. Pourtant, l'avion semblait tenir bon, continuait à monter.

De la fumée s'échappait de la carcasse, envahissait l'habitacle. "Je ne veux pas que mes mains soient brûlées !" répéta Saint-Ex, tel un vieux souvenir, tout en se débattant pour chasser cette fumée qui lui bouchait la vue sur le ciel.

Sans que le pilote le désire, l'engin se mit à tourner sur lui-même, semblable à un dé qui ne saurait plus sur quelle face tomber.

L'hélice devenait folle. Elle accélérait son mouvement, tantôt vers la gauche, tantôt vers la droite. Antoine n'en croyait pas ses yeux. Mais bientôt, il fut bien plus surpris encore. En tournant, cette hélice semblait lâcher et découper des chiffres, comme si elle était le centre d'une horloge qui se désintègre et abandonne une à une ses heures en les semant dans le vent.

Antoine s'efforça d'attribuer cette vision au rideau de fumée qui l'enveloppait toujours. Mais au fond de lui, il ressentit la curieuse impression d'être à bord d'une machine à démonter le temps.

Saint-Exupéry ne comprenait pas non plus pourquoi il continuait à prendre de l'altitude. Il s'aperçut que son avion était entouré d'oiseaux. Ceux-ci volaient tout près de l'engin, longeaient son fuselage. Antoine aurait dû essayer de les chasser, de crainte qu'ils ne tombent dans le moteur et causent la chute du Lightning. Pourtant, il se contentait de les regarder. Avec leurs ailes déployées, ces animaux légers figuraient des guides l'accompagnant sur un chemin connu d'eux seuls.

À cette seconde, Saint-Ex ne put s'empêcher de songer au surnom que les Maures lui avaient donné autrefois dans le désert. Ils l'appelaient le Commandant des oiseaux.

L'angoisse qu'il avait de tomber, de mourir s'estompa alors pour faire place à cet équilibre sans effort qui est l'apanage des êtres ailés.

"J'ai l'impression que, tout en restant un homme, je deviens un paysage, se dit-il. Les oiseaux peuvent regarder à travers moi. Je suis ma propre voix. Je ne suis plus le chant de personne."

II

– Eh, qu'aimes-tu donc, extraordinaire étranger ?
– J'aime les nuages… les nuages qui passent…
là-bas… les merveilleux nuages !

Charles Baudelaire

Tout à coup, le froid se mit à saisir le pilote. Antoine comprit d'expérience qu'il avait passé un palier. Il était à présent en haute altitude. L'ennemi ne l'avait pas suivi si loin. Il croyait sans doute sa victoire accomplie, ou peut-être, ayant vu sa proie résister à ce point aux flammes, avait-il pensé qu'il venait de croiser l'avion du diable en personne.

Antoine voulait pouvoir se situer. Vingt minutes devaient s'être passées, soit un trajet de soixante kilomètres environ. Les nuages apparaissaient. Le pilote essaya de virer, pour regarder vers le bas, mais l'engin lui obéit à peine.

Saint-Exupéry ouvrit cependant une carte, fixa un doigt sur un endroit probable. Avait-il regagné la terre, du côté de La Ciotat ou de Cassis ?

Était-il à nouveau en chemin vers l'Espagne ?

C'est alors qu'un autre phénomène étrange se produisit. Quand il touchait la carte, les chemins bougeaient en même temps que son doigt, comme s'il avait le pouvoir soudain de changer le paysage, d'amener les routes dans la mer, de promener les falaises sur le bord des montagnes ou de pousser des villages entiers sur le sentier des vagues.

"On dirait que les chemins dansent", songea Antoine.

Il n'eut pas le loisir de s'appesantir sur cette pensée. La masse des nuages s'amplifia soudainement.

Les nuages !

Ils ne passaient plus les uns derrière les autres, comme de simples moutons dessinés sur le ciel, mais se groupaient en cercle aux alentours de l'avion. Peu à peu, Antoine se rendit compte qu'ils formaient autour de lui une couronne. Il aurait davantage pensé à une toile d'araignée si ce piège de nuages ne lui avait pas paru aussi inoffensif.

Un des plus petits d'entre eux toucha le fuselage. Celui-là n'avait pas de forme particulière. Son ovale semblait sortir d'un moule tant il était régulier. Rien ne dépassait, comme si un improbable vérificateur avait poli les angles au couteau. Cependant, le nuage avait quelque chose de bien plus surprenant encore pour Antoine : il émanait de lui une odeur enchanteresse, une senteur qui faisait penser irrésistiblement à la rose.

Quelques nuages un peu plus grands se mirent alors à tournoyer. C'étaient des robes de ballerine qui valsaient seules, sans avoir besoin du corps de la danseuse pour se laisser porter. Le silence lui-même cachait une musique qui venait épouser leur tissu duveteux.

D'autres cumulus, plus amples, venaient bousculer l'appareil.

Chacun d'entre eux s'allongeait ensuite infiniment, comme pour imiter la trace blanche que laissent les avions après leur passage.

L'un d'eux s'étalait avec la nonchalance d'un gardien de chameaux. Le ciel pouvait tomber avec les planètes. Le soleil pouvait

brûler et tomber en cendres. Rien ne semblait pouvoir troubler son sommeil de nuage.

Un autre figurait une bouche qui sourit quand le vent la berce et puis redevient droite dès que le calme revient.

Un autre encore, imposant, consentait par moments à lâcher une petite part de lui-même, un échantillon à sa ressemblance. Comme si un nuage pouvait accoucher d'autres nuages et les regarder, bienveillant, voguer dans l'air pour la première fois.

Les nuages de la quatrième taille, gigantesques à la mesure d'un homme aussi proche d'eux, étaient troués sur les côtés. Certains laissaient apparaître une faille si grande qu'elle faisait penser à des sacs éventrés, abandonnés. Cette vision intrigua Antoine et, comme si l'engin suivait à présent la direction de son esprit, le Lightning s'en approcha. Il frôla même de si près ces nuages que l'homme put un moment se pencher vers l'intérieur de l'un d'entre eux. La vapeur, dans le fond, s'accumulait d'une façon inhabituelle. De petits flocons, agglutinés, avaient une forme presque rectangulaire. Plusieurs de ces morceaux se détachaient, offraient leur faible poids à l'air léger et sortaient alors de l'ouverture du nuage. Le pilote, qui fut si longtemps de l'aventure de l'Aéropostale, y devina, libérées de toute urgence, des lettres de vapeur envoyées au hasard avant de disparaître. Il se pencha, émerveillé, avec l'intention de les lire, mais ces messages aériens demeuraient plus secrets que ceux qui sont tracés à l'encre.

Antoine était étonné. La joie de ce ballet incessant l'emportait sur l'inquiétude qui aurait dû l'étreindre. Il en oubliait l'impression de n'être dans le vaste ciel qu'un bout d'ouate qui flotte encore. Devant les masses blanches dont il dressait l'inventaire, son visage s'éclaira. Il avait connu, au Cap Juby, en plein désert, un homme indifférent à tout ce qui l'entourait, mais qui tenait tous les matins un carnet de nuages. Il y notait ce qu'il observait dans les moindres détails : les corps, les trajectoires, les animaux de vapeur, les douze blancheurs. Rien ne le désolait davantage qu'un ciel bleu et sans taches.

Pendant ce voyage dans un pays suspendu, l'avion avait réduit sa puissance de manière inquiétante. Saint-Exupéry s'était lui aussi laissé prendre par une torpeur dangereuse. Il voulut maintenant monter et quitter les nuages. Nerveusement, il tenta de forcer les commandes. L'appareil résista, continua sa progression, droit devant.

Alors, Antoine devint à cet instant le témoin d'un phénomène plus intrigant encore, qu'il eut du mal à ne pas interpréter comme une hallucination. Plusieurs nuages se touchaient et dérivaient ainsi ensemble. L'homme n'y vit d'abord rien d'anormal, mais quand il regarda le ciel au centre de ces nuages, il frémit. La figure d'une chaise bleue apparaissait, bien délimitée par les contours blancs. Enfant, Antoine avait un fétiche. Ce n'était pas une peluche, un soldat de plomb, mais une chaise qu'il traînait partout comme un compagnon de jeu, un confident de bois. Une chaise pareille à celle-là.

Le hasard donne parfois aux nuages une forme qui nous est familière. Mais ici, la coïncidence tenait du sortilège. Au lieu d'essayer de braquer, de la contourner, Antoine laissa l'avion foncer dans cette image pour la renverser. La nostalgie, qui habitait dans son cœur, devait y rester cachée ou mourir.

III

Je n'ai pas aimé le néant,
c'est ainsi que j'ai fait connaissance
avec le vide, le grand vide,
la profondeur bleue.

Yves Klein

Le bleu du ciel devint plus puissant. Un cobalt.

Un ciel qui lui fit penser à la Patagonie. Il avait vu plusieurs fois cette couleur précise au sud de Trelew, en direction de Comodoro Rivadavia. C'était là-bas une teinte qui annonçait, dans la douceur, une tempête à venir. Les couleurs peuvent-elles voyager parfois hors de leur territoire, s'aventurer comme des bouts de bois sur l'océan, puis émerger ailleurs ? En tous les cas, Antoine était certain, jusqu'au fond de ses yeux, de n'avoir jamais vu un tel bleu dans le ciel de France.

Dans la masse des nuages qu'il se mit à traverser ensuite, Antoine de Saint-Exupéry entendit soudain des crépitements.

D'où venaient-ils ?

Pas du moteur. Plus aucune odeur de brûlé n'était perceptible.

Le son se répéta. Obsédant. Antoine l'écouta avec plus d'attention encore. Il songea alors davantage à un bruit proche de celui que font les brindilles quand quelqu'un les piétine dans la forêt.

Le pilote se rendit compte aussi qu'il ne s'agissait pas seulement d'un son. D'infimes chocs contre l'arrière de l'avion l'accompagnaient.

Les craquements se mirent subitement à devenir un vacarme, à déferler vers l'avant de l'appareil.

"Mais bon dieu, qu'est-ce que c'est ?" cria Saint-Ex.

Le cockpit avant fut bientôt envahi par ces éclats multiples. Antoine eut instantanément la vue bouchée. Il se pencha pour essayer de comprendre.

C'était incroyable. Devant lui voletaient, s'écrasaient contre le pare-brise des centaines de libellules.

Saint-Exupéry crut reconnaître les nuées d'insectes qui, dans le désert, annoncent le vent de sable. L'air chaud, les jours d'orage, ne peut plus les porter et ils tombent par grappes entières. Mais, évidemment, aucune de ces bêtes ne pouvait monter à une telle altitude.

Le pilote tenta de dévier l'appareil pour quitter cette présence aveuglante, mais en vain. L'afflux d'insectes devenait tel qu'il formait à présent un tout, une surface bleue uniforme. Le bruit devenait assourdissant. Les insectes semblaient tourner en vrille, s'appliquer à griffer le verre. S'ils perçaient le cockpit, Antoine était perdu.

D'autres s'accumulaient autour de la porte. Le poids de ces milliers ou millions de petites présences pesait maintenant sur la carcasse et toutes les issues de l'appareil.

Soudain, l'une des libellules pénétra à l'intérieur.

Antoine sentit aussitôt le bout de ses élytres toucher sa nuque, tourner, descendre dans son cou, puis s'immiscer sous sa chemise. Saint-Ex ne pouvait rien faire : ses deux mains étaient occupées à maintenir le cap de l'avion, à lutter contre l'ampleur du désordre. Impuissant, il poussa un cri, bref comme le mouvement d'ailes d'un aigle.

Un cri aigu, sans écho, au-dessus du bourdonnement.

À ce moment précis, les crépitements s'arrêtèrent.

Le bleu demeura, étincelant.

Des milliers de gouttes perlèrent sur les vitres.

Des aigrettes s'accrochèrent aux ailes. Elles formèrent bientôt sur l'avion comme une longue chevelure. Saint-Exupéry la reconnut.

"Les feux de Saint-Elme !" pensa Antoine.

C'est sous ce nom que les aviateurs désignent un trouble

lumineux, électrique, qui se passe parfois quand l'avion vole dans une masse de nuages. Un cadeau optique, d'une grande beauté. Rien de surnaturel. Mais comment expliquer que ce bleu, aujourd'hui, était formé d'une multitude d'insectes qui ne devaient en aucun cas se trouver là ?

Ce qui se passa alors ajouta encore à la confusion du pilote. Le halo disparut rapidement, comme une lumière qui s'éteint ou en un instant se dilue, sans s'éparpiller, sans que soit visible à présent le moindre insecte, ni la moindre trace de griffes sur les vitres.

Saint-Exupéry se sentait si loin du pays des rêves, si proche de sa conscience qu'il ne put accepter de s'être trompé et d'imputer à un moment d'égarement cette vision. Alors, fébrilement, il chercha dans sa chemise. Il devait bien être quelque part, cet insecte. Sa nuque devait encore en porter une rougeur. Ses doigts fouillèrent, descendirent vers le ventre, puis vers le bas du dos.

Rien.

Cependant, en remontant les doigts vers le sein gauche, Antoine crut saisir un moment quelque chose. Une présence fuyante. L'homme ferma le poing, sortit brusquement la main, prit le temps de respirer, intrigué.

Il ouvrit la paume.

Il tenait à présent entre les doigts un morceau de ciel bleu, minuscule, de la taille d'une noix. C'est lui qui était donc entré dans l'appareil et l'avait heurté sans violence.

Le morceau de ciel bleu, qui traînait du côté du cœur du pilote, s'étendit aussitôt sur les lignes de sa main, caressa furtivement ses doigts.

À toucher ce coin de ciel, Antoine ne se sentit pas pour autant nanti d'un pouvoir particulier. À présent, comme il l'avait toujours cru, les prodiges aussi devenaient ordinaires. Il regarda cette trouvaille comme on le fait d'un fruit qui pourrait être trop vert ou trop mûr. Puis, rassuré, il le porta à son nez pour le sentir. Il perçut alors le parfum subtil des oiseaux pris dans les pièges à l'aube (quand ils remuent dans la main qui va se fermer ou les laisser partir), la senteur fauve du ciel qui n'est pas tombé, d'un jour qui traîne à mourir. À ce moment, le morceau de ciel bleu glissa sur son poignet, redessina ses veines, ensuite fila sur l'avant-bras et enfin disparut brusquement, au dehors, happé par le plus mince appel d'air de la carlingue.

IV

Il faut aussi se souvenir de celui
qui oublie où mène le chemin.

Héraclite d'Éphèse

Antoine avait mal à la tête. Trop d'événements s'étaient précipités.

Trop d'énigmes. Il n'arrivait plus à mettre de l'ordre dans son esprit, ce qui l'enrageait :

"Me voilà encore assiégé par les songes. Je voudrais du vide, rien que ça. Mais je le sais. Ma bouche se fermera sans que rien des songes ne se taise. Je ne pourrai jamais les chasser d'un revers de la main, comme des insectes. Je dois les accepter, points noirs dans les yeux ou morceaux de ciel bleu perdus sous la chemise."

Son avion progressait toujours. Au hasard. En tournant. Pareil à une pierre qui dérive dans l'espace, à un déchet d'astre habité par un homme. Pourtant, au fur et à mesure de son voyage, l'engin se mit à avancer moins vite, jusqu'à atteindre presque l'immobilité.

Alors, Saint-Exupéry arriva à le faire descendre, puis, en le redressant, à se poser. Il ne s'agissait pas vraiment d'un atterrissage, ni d'un amerrissage. Pour la première fois, Antoine venait d'annuager.

Comment l'avion tenait-il en équilibre sur une piste de vapeur ?

C'était un pur mystère.

Antoine ouvrit le cockpit. Il se pencha pour attraper un morceau de nuage, de la grosseur d'une boule. Cette boule lui semblait avoir le poids du sable. Comme pour lui donner raison, le morceau de nuage se mit lentement à couler entre ses doigts.

Saint-Exupéry estima à cet instant que son temps était compté. Le froid déjà perçait sa combinaison de pilote. Antoine songea à tous ceux qui, en bas, pensaient à lui, l'attendaient encore avec un espoir farouche. La guerre, là-bas, continuait. En ces lieux, rien de sa rumeur ne pouvait être entendu. Antoine devait mener ici un ultime combat qu'il sentait perdu d'avance. Il descendit de l'appareil et se mit à marcher, sans savoir où aller. Le pays de nuages qui s'étendait devant lui ressemblait à un désert.

V

Ils m'ont dit : "Tu as pleuré".
J'ai répondu : "Non, un homme courageux
pleure-t-il d'émotion ?
C'est plutôt que ma prunelle a reçu par surprise
un petit brin de paille aiguisé comme un fer."
"Mais pourquoi, dirent-ils,
tes deux yeux sont troublés ?
Ce petit bois ferré a-t-il atteint les deux ?"

Abou'l-'Atahiya

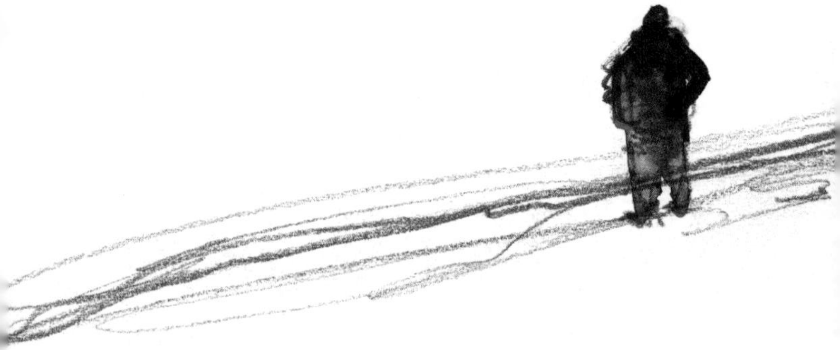

Marchant sur les nuages, livré à leur étendue apparemment sans limites, Antoine ne put s'empêcher de se souvenir des pays de sable dont il était le familier. À cet instant, c'était comme si ses pensées s'inscrivaient au fil de ses pas :

"Le désert est toujours en moi. Je crois l'enterrer sous d'autres voyages, sous le bruit des villes, dans l'éclat de mes livres. Il revient pourtant. Désert, toujours recommencé. Pour se déguiser, il prend aujourd'hui l'apparence des nuages."

Antoine marchait devant. Son pas le conduisait. Sa tête était ailleurs. Comment ne pas s'interroger sur ce qui lui arrivait ? Quelle frontière avait-il franchie ? Était-il déjà mort sans le savoir, son fantôme neuf arpentant son nouveau royaume ? Ou bien vif, comme sa respiration le lui indiquait, mais entré à l'envers du miroir de toutes les apparences, dans un monde livré à son apesanteur ? Saint-Exupéry n'estima pas une seconde que ce voyage pût être guidé par une puissance divine. Il croyait davantage aux fées qu'aux anges. Sa religion demeurait le ciel, pas ce qui le surplombe.

Sa conviction était plutôt qu'ayant toujours été aimanté par les étoiles, il n'était pas si étonnant qu'il s'en approchât encore, à perte de souffle et qu'il fût livré au monde où son esprit avait grandi, où son enfance s'était gardée de la pesanteur de l'homme.

Il savait aussi qu'à tout instant, il pouvait passer à travers l'écran du nuage et tomber. Ce ne serait que rentrer dans l'ordre des choses.

Antoine ne craignait pas cette issue. Un sourire effleura même ses lèvres à cette idée :

"Il y a tellement de temps que je tombe que je suis toujours étonné de ne pas sentir le choc brutal du sol."

Sa peur était plutôt de survivre à la guerre, comme si l'embarrassait le remords de n'avoir pas été assez valeureux, assez engagé. Son honneur lui collait à la peau, mais sa peau, pour lui, ne valait pas grand-chose.

Au fond, tomber était si facile. Ces dernières semaines, il avait survécu à des pannes, à des attaques, au manque d'oxygène dans son inhalateur.

Il était toujours là, pantelant mais debout, tel l'acteur qui traîne à mourir sur la scène de théâtre où il a choisi d'en finir, où il joue seul dans un décor qui semble avoir toujours existé sans lui.

Saint-Exupéry continuait à marcher, sans s'arrêter, en soutenant ses hanches avec ses mains. La douleur d'anciennes blessures le

reprenait à cet endroit et lui indiquait, par la brûlure, qu'il était toujours bien vivant. Antoine poussait en avant ce corps aujourd'hui si fourbu d'avoir la taille d'un arbre.

Il avait de plus en plus mal et se surprit soudain à crier, en pleurant : "Maman ! Maman ! Maman !"

Une fois déjà, dans le désert, il avait appelé ainsi Marie, sa mère. Il ne s'en était pas caché.

"Maman ! Maman ! Maman !"

C'était l'enfant en lui qui sortait et réclamait son pouvoir. C'était le dernier cri, celui qui demeure quand tous les autres sont effacés.

De quoi aurait-il eu honte ?

Le temps passa alors sans pouvoir être compté. Antoine avançait au même rythme que les nuages. Il était semblable à ces conquérants du pôle qui, pris par les glaces, dérivaient lentement dans leur bateau, au seul gré du courant. Sa progression, sur la surface où il marchait, était minime.

La fatigue commençait à lui peser sur les épaules. Il connaissait ce poids du paysage, cette impression persistante de lourdeur, cette sensation de marcher au fond de l'eau. Pour Saint-Exupéry, c'était là du domaine de l'habitude. Quand il était à terre, de retour d'une mission, il trouvait parfois une volupté à cet harassement qui s'accompagne alors d'une torpeur bienfaisante où l'esprit atteint sans plus d'effort son équilibre, le détachement de toutes les contingences. Mais aujourd'hui, la fatigue engendrait d'autres effets plus inquiétants. Un léger vertige l'obligeait à s'arrêter souvent. Antoine se mettait à pencher d'un côté, puis de l'autre, les muscles raides, pareil à un mannequin de cire. C'était comme si le sang s'accumulait à un endroit au lieu d'irriguer le corps entier.

Un plus grave phénomène encore vint s'ajouter alors : régulièrement, sa vue se troublait.

Antoine essayait de fixer des yeux quelque chose pour reprendre possession de son regard. Mais nul objet, nulle ligne, même scindant l'horizon, ne lui donnait cette opportunité. Dès lors, il choisit son ombre qui, à cette heure de clarté, le suivait fidèlement, bien découpée sur la blancheur. Il était rassurant pour Antoine d'être attaché à ce compagnon sombre qui était une part de lui-même sans pouvoir prétendre incarner la présence inquiétante d'un double. Seulement voilà, l'ombre n'était pas si fidèle que ça. Elle s'arrachait parfois au corps qui l'emmenait, menaçait de partir en vrille, tel un ballon percé par une aiguille. Puis, elle revenait se mettre à la file, singeait à nouveau les gestes du marcheur.

Ensuite, l'ombre prit l'habitude de devancer Antoine. Elle s'allongeait devant lui, croisait ses pas, l'aurait fait chuter si elle avait eu quelque poids de matière. Saint-Exupéry ne savait pas si sa vue était responsable de ces écarts, ou si c'était son ombre qui l'abandonnait et refusait de se soumettre à son contrôle. On ne dit pas à une ombre de se mettre à l'arrêt, au pied, comme un chien. Alors, Antoine dut en prendre son parti et s'exercer à dominer la portée de son regard en prenant à présent pour cible le fond du paysage. Cela ne le rendit pas plus serein. Ce fond de ciel était un décor qui paraissait, à cette distance, factice : une toile grossièrement peinte, dont le papier déjà mouillé allait bientôt tomber ou se déchirer. Où qu'il porte son regard, un brouillard venait l'entourer et rendait flou le monde visible.

C'est alors que, faisant de nouveaux efforts pour se concentrer, il aperçut un arbre.

Il était seul, cet arbre. Planté dans un buisson de nuages. Un saule, sans aucun doute. Insensible au vent, il se tenait là, comme s'il occupait cette place depuis l'aube des temps. Antoine avait vu en volant des végétaux bien plus exotiques, des forêts entières montant sur les coteaux des montagnes, des palmeraies magnifiques et aussi ces derniers arbres assoiffés qui toisent le sable à l'entrée des déserts. Mais aujourd'hui, ce simple saule devint pour Antoine une merveille. Peu importe qu'il s'agisse d'une pure vision, d'un mirage que tous les endroits désertiques, chauds ou froids, nous promettent ou nous imposent. Son regard était une feuille accrochée à cet arbre.

Saint-Exupéry s'en approcha.

Il n'aurait pas été étonné de voir des moineaux, des rapaces ou des échassiers s'envoler à son arrivée. Il aurait alors trouvé une solution à l'énigme de tous ces oiseaux qui se sont élevés trop haut et que l'on ne revoit jamais.

Les hasards du vent approchèrent de cet arbre la barque de vapeur où Antoine marchait. Le pilote tenta d'accoster. Son ambition nouvelle était d'atteindre l'arbre, de le gravir, de s'y percher, de toucher ses rares feuilles. Mais l'image ne voulait pas se donner à lui, se laisser pénétrer. Quand il approchait le bras ou la jambe, une branche le repoussait. Un fouet de l'air le rejetait au large.

De plus, au lieu que le peu de distance ravive la précision de sa vue, le trouble devint plus profond, à tel point qu'il pensa à ce moment qu'il devenait aveugle. Des copeaux de lumière lui perçaient les yeux. Tout autour, une brume tenace, le présage du noir sans retour s'approchaient. Tenir en cible au fond de l'œil cet arbre était le seul recours. Cependant, Antoine dut se rendre à l'évidence : le saule, pendant le temps de ces égarements, s'était peu à peu métamorphosé. L'écorce s'était éclaircie, attendrie. À présent, Saint-Exupéry voyait devant lui, les bras étendus et offerts, une femme.

Était-elle faite de chair ? Dotée de la voix ? Femme vive ou femme songe ? Sirène au cœur de bois ayant le ciel pour océan ? Fille-nuage ?

Elle était belle et elle dansait. En tournant, elle changeait de forme. Vaporeuse, elle avait cependant des mouvements précis, des gestes félins.

Antoine n'eut pas le temps de la rejoindre. Elle passa comme un voile autour de lui, lui frôla les épaules et s'enfuit. Ce fut pour Saint-Exupéry, ce séducteur rompu aux amours d'un soir, l'étreinte la plus éphémère de sa vie.

VI

Je coudrai bord à bord les déserts.

Samuel Ha-Naguid

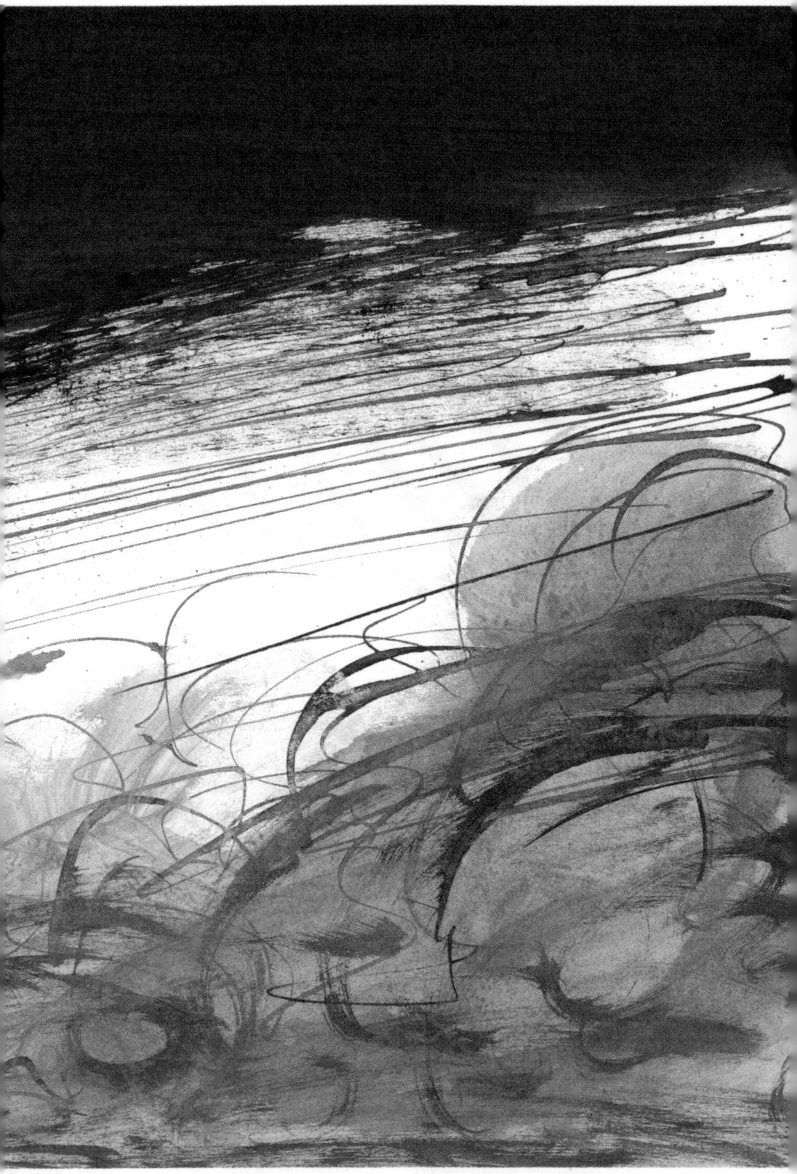

Le nuage où il se trouvait se fit, peu à peu, plus lourd. L'horizon devint gris perle. Plus bas, sous son pas, il se mit à pleuvoir. Antoine retrouva un regard plus clair, comme si la promesse de l'eau l'avait nettoyé à l'avance et libéré des images factices qui l'avaient envahi.

Antoine s'agenouilla pour regarder la pluie.

Alors, émerveillé au point d'en oublier la douleur, il se redressa et se tint debout à l'exacte frontière entre deux mondes, pareil à ce voyageur qui, au sommet d'un pic, regarde aux alentours, jauge les pentes avec le loisir de choisir de quel côté de la montagne il descendra, quel sera le pays qu'il voudra ainsi traverser, celui où peut-être il voudra vivre et plus tard consentir à mourir. Se trouver ainsi juste au-dessus des trombes d'eau lui donnait la conviction d'un privilège énorme. Il savoura ce moment longuement.

Ensuite, plus hardi, il se coucha pour essayer de toucher la pluie un moment. Il ne voulait pas pour autant risquer de se pencher dangereusement et se contentait de laisser traîner son bras le long des parois de vapeur.

Depuis longtemps, il n'avait plus pensé au Petit Prince. La guerre l'avait rendu au ciel, mais l'avait écarté des étoiles. Les allumeurs de réverbère avaient disparu sous le couvre-feu. Les serpents avaient rejoint le refuge du rêve et les fleurs attendaient le silence pour sortir. Mais, allongé avec la langueur d'un homme redevenu patient, Saint-Exupéry sourit et se surprit à ressembler à un dessin de son personnage, son double secret, celui où, pourtant, couché dans l'herbe, l'enfant voyageur pleurait.

L'image de l'eau qui s'écoule lui imposait toujours aussi un autre souvenir, celui de ces Maures qu'il avait vus contempler une fontaine pour la première fois. Les hommes du désert attendaient que l'eau finisse de tomber, abasourdis de patienter en vain, et se disaient alors que leur dieu à eux n'était pas aussi doué pour les prodiges. Qu'auraient-ils dit à se voir ainsi penchés à l'endroit précis où la pluie se commande, où le ciel bascule et se déverse sur le monde ?

La brume vint bientôt accompagner les gouttes. Une brume ambrée et grasse. C'était mauvais signe.

À l'horizon, il vit deux taches plus sombres. Il se mit à les observer avec d'autant plus d'attention qu'elles bougeaient d'une étrange façon.

Oui, elles marchaient. C'étaient des silhouettes maintenant qui se découpaient dans l'horizon.

Antoine en était sûr. Deux hommes s'avançaient sur les nuages.

"Hé, là-bas ! Ho !
Hé, hommes, *hombres* !"
Saint-Exupéry essaya de leur faire signe.

Ils ne répondirent pas. Par contre, ils paraissaient venir à sa rencontre.

Lorsqu'il les vit s'approcher, Antoine ne put retenir un cri de surprise.

Sans aucun doute, il connaissait ces hommes-là. À gauche se tenait Guillaumet, son ami à la démarche franche, le revenu des Andes, l'ange de la Cordillère. À droite, Antoine reconnut de loin Mermoz à son nez d'aigle et surtout à sa chevelure d'oriflamme. Saint-Ex, qui les aimait tant, ne ressentait pourtant pas un réel plaisir à les regarder venir. Il savait que ces deux aviateurs étaient tombés plusieurs années auparavant. Ce qu'il voyait devait être l'envers de la mort.

Les deux silhouettes s'arrêtèrent brusquement. Leurs bras se levèrent à leur tour pour saluer celui qu'ils appelaient Tonio. En leur répondant, celui-ci comprit qu'ils ne pouvaient certainement pas s'avancer davantage.

"Henri ! Jean ! Par ici..."

Leurs signes de bras devaient être un langage. Antoine n'en connaissait pas le code. Ses propres gesticulations n'étaient que des brouillons de gestes, ses mots des paroles sans effets.

Bientôt, un nuage passa. Il enleva les deux hommes du champ de vision d'Antoine. Le pilote en profita pour se rapprocher. Il voulait voir leur visage de près, à défaut de les entendre. Il désirait trouver leur regard et avoir une réponse. Tout à coup, il put les entrevoir, mais le mouvement tournoyant des nuages les présentait de dos à son regard. Il crut entendre un murmure venir de leur bouche, comme un chant qui serait seulement la voix qui vagabonde, sans aucune parole, ni aucun message.

Tonio voulut crier, les ameuter, mais il se retint un instant. Si ces deux apparitions se retournaient, que verrait-il ? Les hommes qu'il avait connus, aimés ou des spectres ? Des visages éclairés d'être sortis enfin du temps ou des faces défigurées par la mort ? Antoine hésita, puis cria quand même.

"Henri ! Jean ! Je suis ici. Vous êtes venus pour m'emmener, c'est ça ? Retournez-vous. Approchez. Allons ! Dépêchez-vous. Je suis prêt, si vous le voulez..."

Lentement, il vit alors les deux silhouettes pivoter sur elles-mêmes.

Mais le temps qu'Antoine avait pris à proférer ses appels, un nuage vint de nouveau cacher sa vue. Il courut à droite, à gauche, tentant de voir au travers des filins de vapeur. Lorsque l'horizon s'ouvrit à nouveau au regard du pilote, les visiteurs avaient disparu.

"Décidément, je n'ai pas la vocation des fantômes", dit Saint-Ex, en reprenant son souffle, en se frottant les yeux.

Ces silhouettes étaient comme les chants des sirènes pour les navigateurs. S'il les avait rejointes, leur transparence serait devenue la sienne.

Il était partagé entre le désir qu'il avait ressenti de les suivre et le soulagement d'être revenu face à lui-même, dans un univers dont il n'avait pas toutes les clés, mais dont il espérait encore sortir.

C'est alors qu'il eut la grande surprise de voir réapparaître ses deux amis au loin. Nul caprice de la lumière. Ils étaient là, à nouveau, perchés sur les bords de vapeur. Les deux silhouettes ne regardaient plus du tout dans sa direction. Elles avaient rejoint leur absence. Crier, hurler, appeler aurait été vain. Soudain, ils plongèrent tous deux, en se laissant basculer comme de simples poids dans le vide. Ils tombèrent droits et raides, les bras collés au corps, pareils à des i dans l'espace. Puis, ils firent un court mouvement des coudes vers l'extérieur, comme un battement d'ailes minimal. Par ce seul geste, ils s'élevèrent et s'éloignèrent. Antoine ne les vit pas en anges rejoignant leur nid céleste. La beauté de ce qu'il voyait lui paraissait tellement humaine.

VII

Là-bas, un mot est le début d'un nuage.

François Jacqmin

Le vent s'amplifia sans prévenir, devint aussitôt dangereux. Antoine fut tiré brusquement hors de ses pensées, de ce doux éblouissement.

Il tomba une fois, deux fois, se releva à chaque fois.

Soulevé par l'air, cet homme si large d'épaules devenait un improbable enfant léger. Soudain, il s'aperçut que, sous l'effet du souffle, le nuage sur lequel il marchait était en train de se séparer en deux parties.

L'avion !

Si le pilote ne pouvait le rejoindre vite, son engin s'éloignerait à jamais de l'autre côté. Malgré la tempête, Saint-Exupéry se mit à courir.

Il piétina dangereusement le bord du nuage, très près de basculer dans le vide. Mais le besoin de vivre l'aidait à avancer. Sa vie s'était toujours passée sur un fil, entre la joie et le néant, entre la gloire et la chute.

Aujourd'hui, ce fil était un morceau de nuage.

Bientôt, il aperçut son avion et redoubla d'efforts. Il crut pouvoir y arriver. Comme souvent, lorsqu'on est perdu dans le désert, il avait marché circulairement et il n'était pas si loin de l'appareil. Malheureusement, le vent faisait déjà son ouvrage. Les deux parties du nuage se séparaient.

C'était trop tard.

Antoine regarda son Lightning, désormais conduit par l'air puissant qui choisit toujours sa route.

Le vent redoubla encore. Les nuages étaient secoués, partaient dans des sens contradictoires, au gré des tournoiements. C'était la rumeur d'une foule qui voudrait fuir, mais qui tourne sur elle-même sans sortir de son cercle noir.

Bousculé par la tempête, Saint-Exupéry ne luttait plus. Il s'écroula. Couché, il se replia sur lui-même. Il se sentait glacé.

Il avait une soif profonde. Sa gorge était sèche. Dans un désert de sable, il avait recueilli un jour de la rosée sur les ailes de son avion pour ne pas mourir. À présent, il n'avait plus l'espoir de rejoindre ni l'aube ni son avion. Il vivait à cet instant la plus grande des solitudes.

Ainsi tassé sur lui-même, à la manière d'un animal, il se rendit compte qu'il avait couru de toutes ses forces, mais qu'il était absent de sueur. Cela ne pouvait se comprendre. Lui qui ne craignait pas la mort et qui ne tenait plus vraiment à la vie, il se sentait maintenant à la frontière entre ces deux mondes. Il s'abandonnait. Il pensa à ce qu'il laissait en guise d'héritage à ses deux femmes éloignées : une valise en fibre pour l'une, un peu d'argent pour l'autre.

Ensuite, il songea aux traces.

Il savait que les mots de ses livres allaient se perdre avec lui, que la Citadelle deviendrait à jamais endormie et que les ruines arriveraient avec l'oubli de tout ce qu'il avait écrit. Les mots l'avaient trouvé autrefois perché dans les airs et l'avaient suivi jusque dans les chambres exiguës, au fil des séjours solitaires ou des amours de passage. À présent, ils penchaient avec lui, sur le point de sombrer.

La tempête s'était tue.

Il en restait le murmure.

Qu'importe, puisque déjà la nuit venait, brusquement, comme un loup chasseur d'hommes.

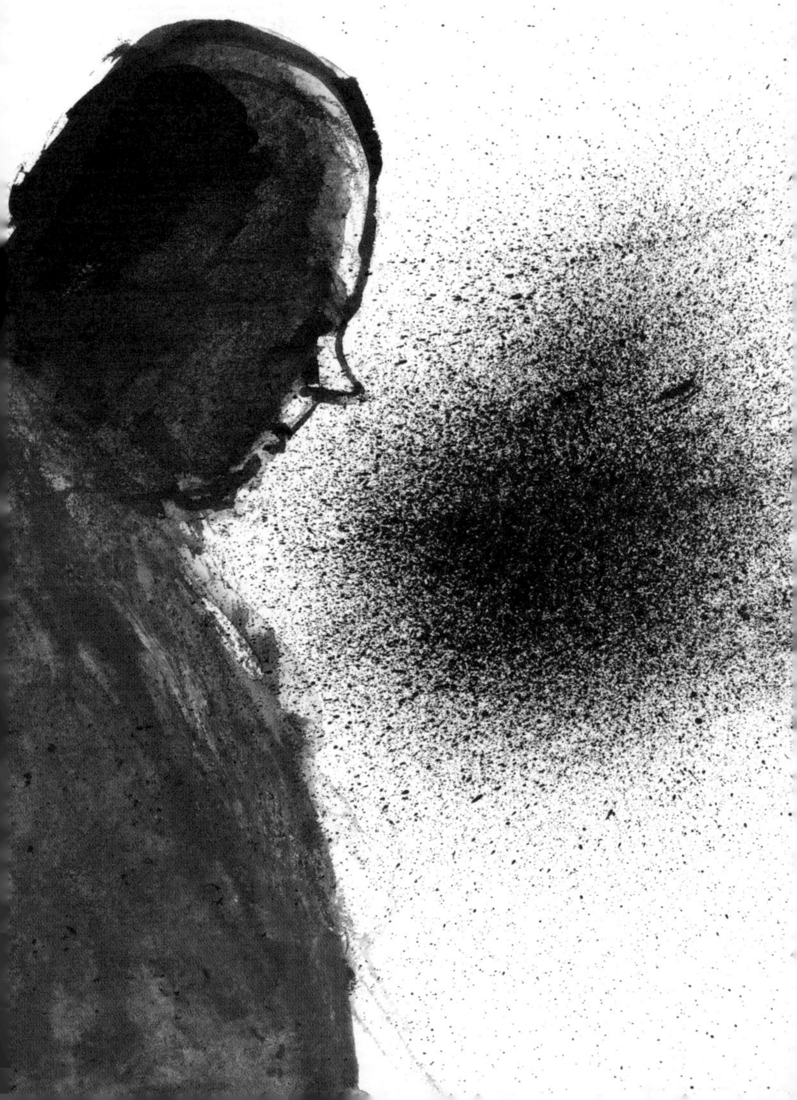

VIII

Je ne supporterai pas la perte du soleil.

Saint-Exupéry

La nuit déferlait. Comme si elle pouvait tout emporter sur son passage.

Saint-Exupéry l'avait tant chantée qu'il ne la craignait pas. Il la laissa le prendre, résigné. Mais l'ombre qui s'approcha n'avait rien d'un prédateur. Au contraire, au fur et à mesure de son avancée, elle devenait étrangement douce. Antoine se sentait enlacé par la nuit. Il ne s'agissait pas pour autant de faire de l'obscurité une caresse. Cependant, Saint-Exupéry se sentit touché, sans avoir envie de bouger, de reculer. Il se contenta d'ouvrir la bouche. Un peu de vapeur noire y entra.

"La nuit que je goûte possède la saveur du sucre noir. Autrefois, j'ai tant de fois happé l'air, à minuit, depuis la fenêtre d'une chambre sans connaître ce parfum-là. Voilà désormais mon seul pouvoir : goûter le temps qui passe. À présent, les heures en moi ne se dévorent plus. Mon appétit est d'atteindre l'aube et d'y mettre à peine les dents."

À quoi cela servait-il de marcher encore, de s'égarer ?

Assis, Antoine sortit de sa poche un papier sans importance, une lettre pas terminée. Comme parfois aux moments les plus improbables, il avait envie de dessiner.

N'ayant pas de crayon sur lui, il griffonna avec l'ongle un vague croquis.

La figure d'un oiseau. Puis, il s'appliqua à plier la feuille, lentement.

Il en fit un avion de papier qu'il regarda longtemps, amusé, avant de le lancer devant lui...

IX

Il est grand temps de rallumer les étoiles.

Guillaume Apollinaire

La nuit, maintenant, régnait partout.

Loin de l'encercler, elle le plongeait en lui-même. Antoine était partagé entre la joie d'être ainsi face à son cœur, à ce battement régulier, et la crainte de ne plus revoir le jour se lever sur le monde. Le plaisir dominait la peur. Saint-Exupéry s'était toujours moqué de la mort. Il avait accumulé, par l'habitude de l'encre, beaucoup de testaments. Il connaissait assez de paysages immenses. Il avait arpenté les lieux où brûle la vie et appris comment se préserver des cendres. Il savait que l'homme est un caillou pour l'aurore, qu'il ne découvrira sa grandeur que dans l'instant de la pensée.

"Chaque esprit est un ciel pourvu qu'il chante", se dit-il à cet instant, amusé d'avoir encore ce goût de tenter de résumer le monde en une courte phrase.

La connivence de la nuit le ramenait à son corps, à la faible lumière qui en émanait. Ses mains surtout étaient visibles. Il s'amusa à les cacher dans sa chemise, à les sortir ensuite brusquement.

Il se mit à jouer, à se donner le temps. Le temps de chercher ses mains, de les mélanger, de nouer ses doigts, de les dénouer. Le temps de les laisser tomber sur ses genoux comme des obus, puis de les ouvrir comme des fleurs. Le temps de laisser ses mains soutenir des mots qui ne viennent pas, de les lever à la façon dont les comédiens saluent un public qu'ils ne voient pas. Le temps de les jeter au-devant de soi. Donner ses mains à manger aux oiseaux. Feuilleter ses doigts comme on le fait d'un livre. Badiner avec les pages de ses doigts. Fermer son poing, sèchement. Compter des moutons invisibles. Suivre de petits chemins sur sa paume. Survoler sa main. Mâcher le dos de sa main. Rompre sa main comme rompre le pain. La faire marcher comme l'araignée, la faire rouler comme un caillou. Autant de gestes oubliés de l'enfance revinrent ainsi à la mémoire d'Antoine. Une mémoire inscrite dans les mains, une suite d'actions précises, un rituel connu seulement par les mains.

Saint-Exupéry s'émerveilla de ces petits jeux qui n'étaient pas pour lui une mauvaise chorégraphie, mais la certitude que des mains d'enfant existent encore, cachées derrière nos poignes d'adulte, nos ongles sales, nos doigts rompus aux mécaniques et aux amours d'un soir.

Au gré d'un de ces gestes, il trouva dans une poche un paquet de cigarettes. Il en prit une et l'alluma. Une fumée chaude l'entoura aussitôt, l'enveloppa comme pour contenir, doucement, ses pensées.

"La vraie vie appartient aux hommes seuls.

La vie appartient à ceux qui ont conquis assez d'air autour d'eux et dont le regard n'a plus besoin de fixer l'horizon, ni les hommes pour entrer dans le paysage et s'y sentir à sa place. Cette nuit, je suis un de ces hommes seuls."

Antoine n'avait jamais tutoyé les étoiles.

La beauté pour lui n'avait jamais existé sans la distance.

Il était parfois tenté cependant de les saluer, comme on le fait d'un bateau aux gens inconnus, demeurés sur le quai du port. Salut où la main s'abandonne sans désigner personne, sinon la silhouette lumineuse qui part.

Enfant, il regardait longtemps, une à une, les étoiles.

Il faisait un vœu pour chacune d'entre elles. De quoi tenir mille ans de désirs. Se poser sur les nuages aurait été, à l'époque, un grand pas pour les approcher. Du temps où son nez pointu l'avait fait surnommer Pique-la-Lune, il s'était même construit, avec un vélo de fortune et un moteur enfumé, un engin qu'il rêvait de faire voler. Le moteur pétarada, explosa avant le grand saut, mais l'idée que le ciel est à portée du souffle et du pas, qu'il peut se gravir comme un escalier ne l'abandonna jamais.l'abandonna jamais.

Aujourd'hui, à cette pensée, des paroles vinrent affleurer sur le bord de ses lèvres. Même solitaire et sans témoin, il commença à parler et les phrases qui s'échappaient à la file ressemblaient aux vers d'un poème improvisé :

Ah ! si nous avions prise sur les étoiles,
si nous étions faits de chair
seulement pour nous élever,
il serait doux alors de s'adonner
au rêve, de le prolonger dans le jour
afin que le soleil s'épuise
avant nous.

Ah ! si nous avions prise sur les étoiles,
si nous étions laissés là-bas
à nos plus beaux instincts de fuite,
il serait doux alors de s'adonner
au rêve, de le déguiser dans la nuit
afin que la lune s'épuise
avant nous.

Mais devant vous, me voici,
petit mendiant de songe,
en train de convoquer assis,
à minuit,
la poussière qui sur moi demeure
pour troubler mon regard
et griser mon poème.

X

Je me sens un paysan des étoiles.
Tout de même je l'ai respiré le vent
de la mer. Ceux qui ont goûté cette
nourriture une fois ne peuvent l'oublier.

Saint-Exupéry, *Terre des Hommes*.

Antoine se tut, laissa le silence l'emplir.

Puis il se donna le loisir de choisir une étoile qui lui fût destinée.

Il observa d'abord le Cancer, cette baguette de sourcier dessinée dans le ciel, un lieu que le zodiaque lui conférait comme refuge, d'après le jour de sa naissance. Il avait toujours gardé l'impression d'être aussi natif de ce lieu-là. Avoir des racines dans le ciel, c'était comme connaître le rêve secret d'un arbre.

Saint-Exupéry jeta ensuite son dévolu sur la Petite Ourse.

Celle-ci lui avait toujours semblé figurer, plus que le corps d'un animal, un bras tendu pour attraper un livre.

Il fixa ensuite le Chariot qu'enfant il imaginait bringuebalant. Il le voyait, maladroit et encombrant, bousculer à grand bruit les astres et s'excuser, confus, dans sa langue d'étoile.

Mais son attention se porta bientôt plus à gauche, derrière l'imposante figure du Lion. L'obscurité y était complète. C'est cet endroit qu'il choisit. Ainsi, il préféra pour lui un endroit plus secret, où se trouve une étoile souvent peu visible, indiscernable en juillet : la Chevelure de Bérénice.

Ce nom de femme, tout d'abord, lui plaisait.

N'avait-il pas d'ailleurs la conviction que les étoiles, comme leur genre l'indique, sont féminines, et que le rêve de les toucher effleure les hommes pour cette raison-là ?

De plus, Saint-Exupéry connaissait la légende de cette constellation. Elle raconte que la fille d'un roi sacrifia des tresses d'ambre si belles qu'une déesse décida de les placer au ciel afin que chacun les contemple. La chevelure d'une femme l'avait toujours émerveillé, de la blondeur des Américaines au noir de jais de sa femme. Ses mains s'y reposaient de l'immensité. Antoine y oubliait, le temps d'une caresse, l'ennui de vivre dans les villes occidentales. Choisir une étoile invisible lui ressemblait.

La surface des choses jamais ne l'avait conquis.

Lorsque Saint-Exupéry embrassa du regard la constellation, il ne put s'empêcher d'évoquer en lui l'allumeur de réverbères du Petit Prince, un personnage qu'il avait inventé pour parler, sans l'air d'y toucher, de la lumière qui brille au milieu des ténèbres. L'illusion lui parut à l'instant si parfaite. Il imagina ce que cet homme lointain, rompu par sa tâche, aurait pu lui dire, en confidence :

"Je fais le tour de mon astre. J'allume et j'éteins, selon ton ordonnance.

C'est un métier difficile. Savais-tu que je suis aveugle ?

La nuit de l'espace m'est trop familière. Je reconnais la lumière à sa chaleur ou sa froideur. Je n'ai pas besoin d'autre guide."

Antoine salua dans cette direction, à la manière dont on soulève un chapeau. Petit geste d'enfant qui croit que tout respire. Mais pour lui, il s'agissait aussi de l'espoir renouvelé d'entretenir avec les astres un rapport plus familier, de la distance infinie du cosmos à la mesure d'un homme. Ainsi, à notre pesanteur terrestre, il préférait le rêve impossible d'apprivoiser une part de ciel, pas pour y bâtir un royaume, mais pour y faire une escale. C'est pourquoi les pilotes représentaient pour lui les vrais aristocrates. Leur blason n'était que l'écusson de l'Aéropostale. Cependant, leurs avions de roturiers s'élevaient plus haut que les arbres généalogiques.

Un grand silence s'installa en lui. Il se sentait bien, détaché du monde. Un moment. Loin de la voix des autres. Un moment. Descendu en soi, sans s'y perdre pourtant. Un moment. Ah ! n'être plus le paon de soi-même. Un moment. Laisser les étoiles se dépendre. Tirer la nuit à soi. Encore un moment.

Tout à coup, un éclair de feu le tira de sa rêverie. Il venait d'apercevoir une étoile filante. D'où il était, il se sentait presque le pouvoir de la toucher.

"Consuelo, Consuelo", murmura-t-il.

Oui, l'étoile filante lui rappela sa femme, toujours si vive et si fuyante.

Comme pour lui donner raison, l'étoile filante parut s'arrêter un court moment. Quelques secondes peut-être, quelques secondes où tout peut basculer. Antoine la regarda avec tout le feu qui demeurait dans son regard, à la recherche d'un visage qui serait visible dans sa fuite.

"Consuelo, Consuelo, est-ce toi ?"

La comète si puissante prenait le temps, un instant, d'apparaître fragile. Elle se drapa d'ombres à la manière des voiles sombres des femmes d'Argentine, de ces mariées en noir que rien ne semble atteindre.

"Consuelo, Consuelo, montre-toi !"

Brusquement, la comète tourna sur elle-même, adopta le mouvement d'un prisme et laissa voir tous ses contours. Antoine y reconnut les formes étranges et douces d'une rose des sables.

"Consuelo, Consuelo, je te devine, je te vois..."

Mais déjà, la comète avait repris son chemin. Cette ligne de lumière, aussi rapide qu'un trait d'esprit, aussi capricieuse qu'un chat, était-ce le bout d'une dernière histoire que Consuelo voulait lui raconter ?

En pensant à son épouse, une douce tiédeur l'envahit. Tiédeur de l'oiseau dans la paume, quand il s'offre un peu. Tiédeur du soleil quand il est déjà tombé.

"Consuelo, Consuelo, petite femme", répéta-t-il enfin.

Il avait résisté à la tentation de prononcer un adieu qui l'aurait alors effacé du monde. Il s'en tint à ce simple message. Lui qui éprouvait des difficultés à s'endormir, à trouver le sommeil depuis tant d'années, il se sentait en train de s'assoupir, lentement, dans la quiétude des éléments autour de lui. Au moment de fermer les yeux, il se tourna vers la chevelure astrale qu'il avait choisie. Fallait-il réprimer cette envie de dormir ? Peut-on rêver quand on est déjà comme dans un rêve ?

Les songes peuvent-ils s'emboîter les uns dans les autres, pareils à des poupées de bois ? Et surtout, s'endormir ici, n'était-ce pas se perdre à jamais ?

Il sombra.
Ce fut un sommeil bref.
Fulgurant.

Une absence.

Le mot "amour" vint s'attarder sur ses lèvres.

Peut-on parler d'amour au soleil pour qu'il revienne ? Son cœur demeurait chaud, bercé de paroles. Antoine n'avait plus froid en lui, seulement tout autour.

Sur ses lèvres, pendant un moment, ce mot-là : "amour".

Toute naïveté bien sentie l'y ramenait toujours.

"L'aube va venir et je la reprendrai comme l'amante
dont le cœur me déçoit, mais dont le corps m'enchante.
La corde qui tient le soleil, ce sera un peu ma voix qui se noue.
Il est trop tard pour refaire un homme.
Alors, pareil au jour qui vient,
je veux vagabonder encore jusqu'à mon couchant."

XI

La nuit s'efface avec moi.
Nous sommes étrangers
l'un à l'autre,
moi trop blanc,
elle trop noire.
Je vais manger du jour encore.
Au loin, le soleil pourrit sans étoiles
et l'homme lentement va fondre.

Un voyageur

Antoine se réveilla, avec des mots froids sur les lèvres. Il n'eut pas d'abord la conscience de savoir qu'il n'avait dormi qu'un court moment. Ce fut un sommeil trop léger pour rêver. Lorsqu'il ouvrit les yeux, il vit devant lui, dans le jour naissant, une ville.

Une cité se dressait au milieu des nuages. Il y avait des gratte-ciel et plus bas un château, un hôtel, des maisons arrachées à une rue proche ou exotique, puis enfin un vague fort. Saint-Exupéry reconnaissait, un à un, ces lieux qui étaient autant de pierres pour retrouver le chemin de sa vie :

Saint-Maurice-de-Rémens tout d'abord, le château de l'enfance,

puis un peu de Paris, ville des amours,

là-bas Cap Juby, le fort du désert, son monastère de sable,

et aussi Toulouse ou Marseille, les nuits du Sud, les cités de l'attente,

Buenos Aires, capitale détestée, mais l'antichambre des Andes et enfin New York, ô New York, dont la présence lui était encore si proche aujourd'hui.

Le nuage sur lequel il avait dormi s'approcha de la ville. Antoine put bientôt discerner les détails des façades, à la façon dont on observe les cartes postales anciennes. Ces lieux-là existaient toujours, autre part, mais ils avaient ici une autre couleur.

Saint-Exupéry arrivait si près qu'il eut l'illusion de toucher le toit du château. Une musique semblait s'échapper des fenêtres des tours. Une mélodie forte, seulement assourdie par la distance. Des notes tranchantes, s'élevant de plus en plus et qui lui rappelèrent le *Boléro* de Ravel. Il eut l'impression soudain que des mains lui faisaient signe derrière les fenêtres. Des mains seules et dansantes. Peut-être était-ce à l'aube un caprice de plus de la nuit qui s'en va en semant quelques ombres.

Autour du château, il n'y avait que de l'air, pas même une poche d'eau, de vapeur, mais Antoine perçut des odeurs qui lui étaient familières. Odeur d'herbe mêlée de feuilles, de taillis. Odeur d'une mare devenue invisible.

En longeant plus avant les murs de la ville, il s'aperçut que les bâtiments, surgis de la mémoire, formaient pourtant une véritable cité. Des ponts de nuage semblaient les rejoindre. Le vent calme

du matin tournait autour de ce quartier, comme pour le circonscrire. Hormis ces mains, sans doute faites de buée, il n'y avait nulle trace de vie. La pierre vivait pour elle-même, suspendue, et à sa manière respirait. C'est à peine si les murs n'exhalaient pas une haleine un peu tiède, emplie de chaux et de soleils passés. Ces maisons anciennes, dont on dit si souvent qu'elles possèdent une âme, avaient ici un corps mouvant, un élan connu de chaque morceau de façade. Antoine pensa aux maisons de poupée de ses sœurs, dont il riait tout en ressentant l'envie de les ouvrir, d'ôter le couvercle de bois pour découvrir des humains minuscules qui y vivraient cachés, pareils à des fourmis.

Le nuage, comme s'il suivait à présent les mouvements de la pensée d'un homme, emmena Antoine plus avant dans ce quartier des songes. C'est alors que Saint-Exupéry put déceler d'autres détails. Dans la cour du château, des vêtements accrochés aux portes flottaient. Il les reconnaissait : c'était ceux qu'il prenait dans les antiques armoires, qu'il arrachait à la naphtaline pour les enfiler et jouer la comédie devant la famille ou les visiteurs du soir. Ces vêtements, drapeaux d'enfance, remuaient, les bras de tissu s'enroulant, se nouant, se libérant dans des figures de danse toujours différentes. Un moment, les habits se détachèrent, l'un après l'autre, et Antoine eut la sensation de les voir marcher. Costumes sans corps qui imitent le pas de ceux qui les portaient, ils progressaient en rangs avant de tomber dans l'abîme. Une chute élégante, un remue-ménage de papillon pour ces tissus de taffetas, de soie, de velours.

Plus loin, Antoine aperçut un banc. Posé dans l'air, comme le reste.

Une halte dans le ciel. La plus petite escale.

En face du banc, un espace plus lumineux, un rayon de soleil dont le reflet paraissait ovale, proche d'un miroir par la forme. La tentation serait alors d'aller s'asseoir et de voir devant soi quel est son vrai visage.

Antoine observait cet univers en vase clos, laissait vagabonder son regard à droite, à gauche. À sa façon, il feuilletait le paysage.

Il cessa ainsi de détailler le banc pour lui-même, s'aventura ailleurs quand, soudain, machinalement, il le regarda à nouveau.

C'est alors qu'il vit que quelqu'un, entre-temps, s'était assis sur le banc.

Il s'agissait d'un homme à tête d'oiseau.

"Je rejoins un pays qui est le mien, pensa Antoine. C'est un peu moi que je contemple, celui que j'ai rêvé d'être. Un homme enfin serein dont la tête cacherait seule l'instinct de survoler le monde. Moi qui craignais par-dessus tout de ressembler aux hommes assis que j'observais souvent à travers les fenêtres, penchés sur des machines à écrire, des feuillets sans gloire et picorant leur vie, je voudrais, comme l'homme à tête d'oiseau, m'arrêter de marcher dans l'air et me reposer à présent."

Le nuage où se trouvait Saint-Exupéry passa très près du banc sans que le personnage ne se relève, ni s'affole. L'homme-oiseau ne trahissait aucun geste de peur ou d'intérêt.

Antoine se demanda alors s'il n'était pas devenu lui-même invisible, si son avion ne s'était pas mué en ombre.

La pluie vint alors le fouetter, d'abord comme une fine volée de cailloux.

Puis, le rythme s'intensifiant, Antoine sentit que les nuages lâchaient, s'épuisaient, se crevaient autour de lui. Pareils à des jambes trop lourdes qui fléchissent. Des nuages qui s'agenouillent.

Enfin, la pluie redoubla, laissa peu d'espace pour la fuir, la contourner et conforter ce rêve ancien qu'avait Antoine de s'immiscer entre les gouttes. C'était à présent une pluie d'épées de bois. Une pluie qui cogne. Antoine frémit à l'idée que le nuage où il avait trouvé refuge vînt lui-même à s'évaser. Il courait dans un sens, puis dans l'autre comme s'il cherchait sur ces chemins de vapeur un endroit solide, un repère où s'accrocher.

Au centre de la ville s'avançaient trois ou quatre nuages, libres comme des passants qui marchent à l'aube dans les grandes avenues. Sur l'un d'entre d'eux se trouvait l'avion. Celui-ci avait dû dériver longtemps, mais sans vraiment s'éloigner de l'île blanche où Antoine s'était couché.

Le pilote courut. Ensuite, il s'arrêta et se délesta de tout ce qu'il avait dans les poches. Un jeu de cartes ainsi s'envola, comme pour un dernier tour. Au moment où le Lightning s'approcha, il prit de l'élan et sauta.

De justesse, il put atteindre l'autre nuage. Sa joie fut grande de retrouver son appareil. Il en fit le tour. Un avion ne s'enlace pas : il se contenta donc de lui toucher le bout des ailes, comme on le fait sur une épaule, pudiquement.

Puis, il entra dans le cockpit et s'installa.

XII

Tant de rien ai-je voulu de rien
qu'aujourd'hui c'est rien qui de moi ne veut rien.

Fernando Pessoa

Devant lui, la ville d'altitude disparaissait dans la brume. Saint-Exupéry ne la regarda plus. Il voulait partir maintenant. Il essaya d'allumer son moteur. Un son rauque se fit entendre, qui cessa aussitôt. Antoine insista.

Soudain, un bourdonnement, une odeur d'essence devinrent perceptibles. Le moteur toussa, prêt à démarrer.

Le Lightning, dans une secousse, se mit en route un moment. Saint-Ex tira le manche. Il se vit alors basculer, avec une extrême lenteur, vers l'avant. Le moteur s'arrêta.

Saint-Exupéry savait maintenant.

L'avion tomba d'un coup. Une aile prit feu.

La chute fut si longue que l'esprit de l'homme eut le temps de s'étourdir. Cependant, Antoine vit la mer, une dernière fois.

L'engin plongea, disparut. Peu à peu, au ras des vagues, le remous se calma et ne laissa flotter, un long moment, qu'une fine ligne blanche.

SAINT-EXUPÉRY TEL QUE JE NE L'AI PAS CONNU

Postface

Il est difficile d'approcher Saint-Exupéry sans être poursuivi par le mythe. Dans son cas, le mythe est un ogre. Il fait remonter les évidences, s'en contente, dévore le reste. Le marketing peut suivre et ne s'en prive pas. L'homme, malgré le poids des livres, demeure assez méconnu. Le mythe, encore lui, se nourrit de la chair qui l'enfante, devient ensuite une machine à fabriquer des images saintes ou de mauvaises réputations.

Ceux qui, par exemple, en font un pionnier égal à Mermoz ont tort. Les essayistes snobinards qui, à l'inverse, en font un médiocre aviateur, négligent ridiculement la qualité de son carnet de vol.

Si Saint-Exupéry continue à me fasciner, c'est pour sa façon d'oser ce mot si souvent méprisé en littérature : la féerie. Cet enfant malicieux des jeux de masque, des théâtres improvisés, porteur des clefs rouillées qui ouvrent les royaumes, cet adulte qui se disait aimanté par les étoiles ou qui, perdu, pleure en appelant sa mère, est pour moi bien plus convaincant que le philosophe un peu trop brillant (celui que les surréalistes belges appelaient sévèrement, mais non sans humour, Saint-Exaspérant). Je maintiens qu'il faut de l'audace littéraire pour approcher de la féerie, qu'il s'agit d'un art majeur. Je défends sa candeur qui n'est nullement naïveté. Le mot autrefois dans notre langue nous signifiait plutôt la lucidité devant l'aube et l'émerveillement du premier regard. Facile, par la suite, d'en tirer un suc acidulé. C'est à quoi ressemble un peu le *Petit Prince* aujourd'hui quand il est décliné en un abondant merchandising. Oser la féerie, retenez seulement cela.

Saint-Exupéry, tel que je ne l'ai pas connu, mais tel que je le ressens, me plaît aussi en ceci qu'il fut à la fois un homme de son temps et le dernier écrivain du dix-neuvième siècle. Qu'il soit né en 1900 n'y change rien.

Je l'ai souvent relu à la lueur de quatre mots clés en vogue dès le romantisme : mélancolie, détachement, nuit et orientalisme.

Mélancolie : Saint-Exupéry était un homme gai, volubile, avec cependant dans l'œil ce mince point noir qui grandit, celui dont Nerval nous parla. Sa mélancolie, inspirée par ces pages de spleen de Baudelaire qu'il relut des décennies durant, était souvent pour Saint-Ex une musique à lui seul audible, même au milieu de la foule, des amis. Ce sentiment disparaissait quand il volait, comme si certaines angoisses humaines demeuraient plaquées au sol par l'attraction terrestre qui, dit-on, ne rive que le corps.

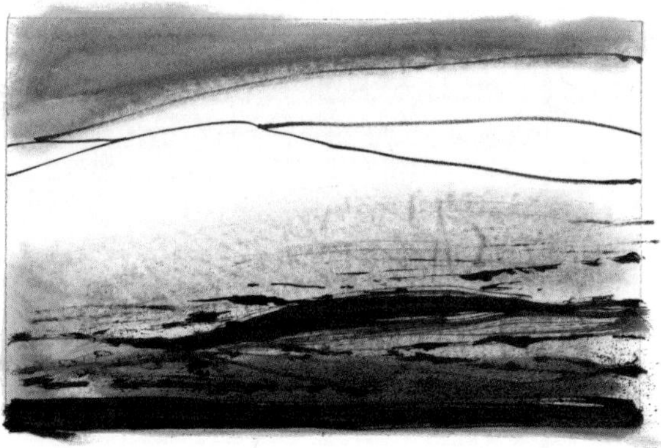

Détachement : en volant, Saint-Exupéry prenait congé du monde. Lui qui était rompu au métier d'atterrir dans des conditions extrêmes, il savait cette règle simple : se détacher pour cultiver l'art de se poser en soi. S'approcher par lentes descentes, par paliers, par écarts. Se trouver où les autres ne sont pas, sans que le mot solitude lui-même ne soit nécessaire.

Nuit : avoir du courage, pour Saint-Exupéry, n'était pas une qualité suffisante. S'il fonçait toujours devant lui, c'était pour tuer des fantômes. C'est ainsi qu'il nommait depuis l'enfance les barrières qu'il faut détruire et non seulement enjamber. Ce courage-là lui était plus précieux que tout autre. Ainsi devait-il y penser la nuit dans son avion, sans que personne ne l'interroge. Le mot "nuit" est omniprésent dans son œuvre, comme une obsession. Il savait que la nuit veille sur celui qui ne la prie pas. L'obscurité ne l'empêchait pas de naviguer dans les étoiles. Il n'avait jamais peur de la page noire.

Orientalisme : les exégètes n'ont pas assez insisté sur le tournant que constitue le séjour de Saint-Exupéry au Cap Juby, en Mauritanie. Il y côtoie des militaires espagnols dépenaillés, mais aussi les Maures fiers, redoutés. C'est à ce moment qu'il se met à écrire. Comme les écrivains de la fin du dix-neuvième siècle, il ne réprima rien de son attirance vers l'Orient, qu'elle soit le fait du lointain

Tagore, le poète bengali qu'il admirait, ou proche quand il vivait avec le désert pour compagne. La poésie arabe lui ressemble : elle est tout entière dans une noblesse traversée d'une tristesse mesurée.

L'histoire que vous avez lue a pour objet d'approcher l'homme que je viens de vous décrire. La fiction qui l'anime est née d'abord d'un agacement. Je suis lassé des hypothèses sur sa mort, des gourmettes trop providentielles, des psychanalyses de tiroirs. Puisque chacun essaie d'imposer sa vision de la mort de Saint-Exupéry, pourquoi ne pas choisir d'imaginer une fin qui soit plus en rapport avec l'homme qu'il fut ?

À ceux qui parlent de probabilités, de vraisemblances, d'hypothèses, de certitudes, j'oppose le simple chemin du conte, ou si l'on veut, de la fable. La narration évite tout recours à l'œuvre. Par contre, la plupart des éléments, même les plus cachés, sont puisés dans la vie réelle de l'homme, de la peur obsédante d'avoir les mains brûlées à cette chaise bleue qui exista vraiment.

Dans ce livre, enfin, vous avez vu les pensées d'Antoine s'imprimer. Avec le pouvoir de celui qui dit "je". Il ne s'agit pas pour moi de prétendre endosser ou voler le lyrisme d'un autre. De

parler à la place de, de me prendre pour. Mais comment imaginer un tel homme de paroles se taire aux dernières heures de sa vie et un être habité de songes s'absenter de sa conscience ? Je n'ai d'autre ambition que de témoigner de cette enfance montée en l'homme comme une écume et qui ne descend pas. Cette vague-là me parle.

Dans ce conte, je me suis senti guidé par une seule phrase écrite par Saint-Exupéry à sa mère bien avant qu'il devienne un écrivain. Il ressentait alors le puissant désir, lui disait-il, de "faire un voyage qui soit un poème".

UNE COLLECTION DE CAILLOUX

...ce monde de souvenirs d'enfant
qui me semblera toujours plus
désespérément vrai que l'autre...

Antoine de Saint-Exupéry

Dans ce récit, vous trouverez de petits morceaux de vie. L'histoire est imaginaire, mais jonchée d'éclats de réalité, de détails biographiques peu connus de la vie de Saint-Exupéry. Voici donc quelques notes sur cette collection de cailloux, quelques jalons de l'existence d'un homme au fond aussi secret que sa disparition.

TROP VIEUX POUR VOLER

Saint-Exupéry a-t-il senti le 31 juillet au matin qu'il s'agirait du dernier vol qui lui serait autorisé ? Il est permis de le penser. Le pilote s'attendait à une décision de son commandement. Ce n'est que grâce à son pouvoir de persuasion et à sa réputation qu'il avait pu voler dans un Lightning : la limite d'âge était de 35 ans. Il en avait 44 et devait de plus être aidé pour enfiler sa combinaison de pilote, tellement les douleurs d'anciennes et de plus récentes blessures lui rendaient impossibles certains gestes. Il faut savoir que si Saint-Ex était rentré de cette mission, il n'aurait plus volé. Une décision était prise en haut lieu de lui révéler à son retour un secret militaire. Un homme au courant d'une pareille information devait rester à la base, cloué au sol. Il ne pouvait risquer d'être fait prisonnier et de parler sous la torture. Cette ruse d'un général l'aurait empêché de continuer sa guerre. La nouvelle, ce matin-là, était dans l'air. Peut-être Antoine l'a-t-il décelée dans les regards.

UNE CHAISE POUR TRÔNE

Une chaise se découpant à travers les nuages, c'est une image qui nous fait penser aujourd'hui à un univers proche de Magritte. Mais cette apparition, pour Saint-Exupéry, aurait évoqué un souvenir d'enfance essentiel : Antoine aimait suivre sa mère pour réclamer un conte, en traînant avec lui une chaise qu'il baptisa son "trône". Cet objet était un fétiche, l'occasion de s'asseoir pour écouter, d'avoir le pouvoir de celui qui s'installe dans une histoire. Pouvoir de poète et pouvoir princier.

L'ORAGE

La vraie nature de Saint-Exupéry pour nous est d'être un "homme du désert". Mais il faut souligner tout autant la fascination qu'il ressentait pour le thème de l'eau, en particulier pour la pluie, l'orage. Évidemment, pour le pilote, il s'agissait de traverser les tempêtes, les trombes d'eau autant que le noir de la nuit. Antoine devait s'y rappeler comment, enfant, il voulait prouver sa bravoure. Quand l'orage secouait les jardins du château de Saint-Maurice-de-Rémens, il sortait et traversait le parc en courant, avec l'ambition d'atteindre une telle vitesse, un tel degré d'agilité qu'il aurait le pouvoir de passer entre les gouttes.

LA MARE

La mare n'est pas un thème qui fascina seulement George Sand. L'eau morte, stagnante semble être une porte menant à tous les mystères. Les lourdes feuilles, l'automne, accentuent les ombres, les odeurs, les enfouissements. Saint-Exupéry a évoqué les endroits secrets qui, devant le château, lui permettaient d'exciter son imagination, d'enclencher dans sa tête la mécanique des images.

APPRIVOISER LA NUIT

Une partie essentielle de ce conte pourrait porter ce titre-là : apprivoiser la nuit. Ce n'est pas par hasard. Il faut savoir que des chercheurs ou des lecteurs attentifs ont mis au jour certains mots tellement fréquents dans l'œuvre de Saint-Exupéry qu'ils nous apparaissent comme des signes. Du mot nuit, nous avons déjà parlé. Le fait de voyager la nuit dans cet avion qui, longtemps, avait peu d'instruments pour se repérer dans l'obscurité, a dû permettre à Saint-Ex d'entretenir une intimité visuelle, mais aussi intérieure, avec l'obscurité. Saint-Exupéry prétendait n'avoir jamais vécu qu'après neuf heures du soir. Où d'autres devinent des mystères inquiétants, il découvrait un havre de paix, un pont suspendu entre lui et le monde. Cet homme cordial avait en même temps des aspects ténébreux : nuit et jour cohabitaient dans un seul homme. Mais que le mot apprivoiser soit aussi très fréquent, voilà qui est plus inhabituel chez un écrivain. Fallait-il pour lui apprivoiser sa vie pour la vivre vraiment, apprivoiser la mort pour ne plus en craindre les morsures ? Ce qui est sûr, c'est qu'Antoine de Saint-Exupéry trouvait à sa manière, comme une extase, le moyen d'apprivoiser sa nuit.

UN DESSINATEUR

Dans le conte, Antoine se met à dessiner à un moment suspendu où d'autres choisiraient des centaines d'autres gestes, mais pas celui-là. Or, il n'y a rien d'invraisemblable à l'imaginer ainsi griffonner quelques traits dans un décor et une situation qui ne s'y prêtent guère. Les proches d'Antoine connaissaient sa manie de faire des croquis partout où il se trouvait. Il agrémentait aussi de dessins nombre des lettres qu'il envoyait. Détail peu connu : le Petit Prince a existé graphiquement bien avant de devenir le personnage de l'écrit le plus célèbre de son auteur. Un petit bonhomme énigmatique apparaissait dès les années 1930, aérien, dans le coin de plusieurs de ses correspondances. Aujourd'hui, avec le merchandising souvent détestable qui entoure l'œuvre phare de Saint-Ex, on pourrait dire que, paradoxalement, le dessinateur est plus célèbre que l'écrivain. Pour Saint-Exupéry, le dessin n'était pas de la première importance, sauf dans le cas du *Petit Prince*. Il faut savoir qu'il confia d'abord à son ami Bernard Lamotte (qui illustra l'édition originale de F*light to Arras*, c'est-à-dire de *Pilote de guerre*) le soin de dessiner le Petit Prince, mais les esquisses que celui-ci présenta déçurent Antoine. Saint-Exupéry comprit que ce personnage lui tournait dans la tête, comme autour d'un astre, depuis bien longtemps et que lui seul pourrait le représenter en Petit Prince sorti tout droit des songes de son auteur.

HÔTEL GRAND BALCON

À Toulouse, *l'Hôtel Grand Balcon* ne donnait pas sur les étoiles. De la chambre 32, à l'angle, Antoine observait les allées et venues de la rue. Toulouse n'est peut-être pas une ville phare pour Saint-Exupéry, mais c'était de là qu'il partait pour aller porter le courrier par-delà les mers et les continents. C'était l'antichambre du ciel où le monde, promu au rang d'escale, pouvait se refaire, se défaire le temps d'une nuit, d'une attente, d'une conversation. Les concierges surveillaient la vie de ces célibataires, de Mermoz le flamboyant, de Saint-Ex le versatile.

UNE SIMPLE LIGNE BLANCHE

Nul ne sait ce qu'est devenu Saint-Exupéry. J'aimerais bien qu'on ne le sache jamais, non pas pour laisser l'homme à sa légende, mais pour qu'il garde cet or du silence qu'il rechercha partout. Le lendemain de sa disparition, le 1er août, ses compagnons pilotes de l'escadrille ont invité des filles et ont dansé. C'est ainsi que, par tradition, ils lui rendirent hommage. Que le mot de la fin demeure le mouvement de cette danse.

Extrait de la bibliographie de Louis Joos

Escales (texte Rascal), éd. Pastel-L'École des Loisirs, 1992.

Thélonious Monk, éd. Points Image, 1995.

Mingus, éd. Pyramides & Aplanos, 1999.

Jazz concert, éd. Pyramides & Aplanos, 2001.

Ladies of the blues, éd. P.M.J., 2002.

Les Fleurs du Mal (Charles Baudelaire), éd. La Renaissance du Livre, 2002.

Ouvrages en collaboration avec Carl Norac

Némo et le volcan, éd. Pastel-L'École des Loisirs, 1995.

Un loup dans la nuit bleue, éd. Pastel-L'École des Loisirs, 1996.

Beau comme au cinéma, éd. Pastel-L'École des Loisirs, 1997.

L'Espoir Pélican, éd. Pastel-L'École des Loisirs, 1998.

Le Sourire de Kiawak, éd. Pastel-L'École des Loisirs, 1998.

Le Rêve de l'ours, éd. Pastel-L'École des Loisirs, 2000.

Extrait de la bibliographie de Carl Norac

Ouvrages pour la jeunesse :

Le Lion fanfaron (illustration Frédéric Dubus), éd. Casterman, 1991, prix Unicef.

Cœur de singe (illustration Louis Joos), éd. Pastel-L'École des Loisirs, 1995.

Les Mots doux (illustration Claude K. Dubois), éd. Pastel-L'École des Loisirs, 1996.

La Grande Ourse (illustration Kitty Crowther), éd. Pastel-L'École des Loisirs, 1999.

Marine et Louisa (illustration Claude K. Dubois), éd. Pastel-L'École des Loisirs, 2000.

Kuli et le sorcier (illustration Dominique Mwankumi), éd. Archimède-L'École des Loisirs, 2001.

Le Père Noël m'a écrit (illustration Kitty Crowther), éd. Pastel-L'École des Loisirs, 2001.

Une visite chez la sorcière (illustration Sophie), éd. Pastel-L'École des Loisirs, 2002.

Poésie :

Dimanche aux Hespérides, éd. La Différence, coll. "Littérature", 1994.

Le Voyeur libre, éd. Les Éperonniers, 1995.

La Candeur, éd. La Différence, coll. "Littérature", 1996.

Le Carnet de Montréal, éd. Le Noroît, 1998.

Éloge de la patience, éd. La Différence, 1999.

Ouvrage réalisé par l'atelier graphique (sous la direction d'Isabelle Gérard)
de LA RENAISSANCE DU LIVRE.

Achevé d'imprimer par Chauveheid (CE).
Dépot légal : octobre 2002 ; D/2002/8176/406